# LE MÉDECIN

## DE LA DISETTE,

### ET

### DU DISCRÉDIT PUBLIC,

*Ou leur cause et les moyens infaillibles d'y remédier.*

A PARIS,

De l'imprimerie de HAUTBOUT l'aîné,

Jardin de l'Orangerie.

COURAGE , braves et vertueux Républicains , un peu de patience ,
et les subsistances recélées seront découvertes ; et les assignats
recouvriront le crédit et la confiance publique ; et les aprovi-
sionnemens annoncés par le comité de salut public rameneront
l'abondance.

# PROJET

## DE

# MOTION D'ORDRE,

## PAR COUTURIER,

Député du Département de la Moselle,

*TENDANTE à fournir les moyens de découvrir infailliblement les soustractions effectuées sur le produit des réquisitions, à faire rendre aux assignats toute la confiance qui leur est due, et à ramener l'abondance.*

LE dénûment, la dissémination des inquiétudes, le fanatisme, le charlatanisme et l'imposture, ont toujours été de la tyrannie, les moyens les plus puissans pour asservir le peuple. Un dénûment, au moins factice, ou plutôt un enfouissement ou accaparement, existe maintenant, non-seulement en subsistances, mais encore en chevaux, en denrées et marchandises de première nécessité ; le discrédit affecté et forcé des assignats, par l'avilissement, est à son comble. L'égoïsme des commerçans et même des cultivateurs, élève le prix des subsistances et des marchandises à une augmentation journalière et progressive, telle que, si cela continuait, bientôt cent livres et peut-être cent écus. ne suffiraient pas pour se défrayer des dépenses d'un seul jour ; et je ne vois pas que nous puissions marcher long-tems dans ce labyrinthe. Il est tems que tout bon citoyen accoure au danger et se précipite à l'eau pour sauver du naufrage le vaisseau commun de la patrie.

A 2

Qui ne voit pas que cet état de choses n'a pas été amené par les seuls circonstances naturelles, et que l'artifice y a la plus grande part ? Qui ne voit pas que la commission de commerce, dès avant la récolte dernière, a favorisé ce dénûment, en ne se procurant pas des recensemens propres à donner, au moins l'apperçu de nos moyens de subsistances, et en ne suppléant pas au déficit par des achats de grains, il y a dix mois et un an ? Qui ne sait pas que bien loin de là, on s'est servi du moyen des réquisitions pour opérer des soustractions et répandre l'alarme et l'inquiétude ?

S'il était vrai, comme le disséminent et le propagent dans le peuple, ses ennemis, pour le soulever contre ses plus fidèles représentans, ou le porter à les abandonner, comme le peuple de Rome abandonna son plus zélé défenseur, Tiberius Gracchus; s'il était vrai qu'un vaste empire, tel que la France, n'est pas propre à un gouvernement républicain, pourquoi se servent-ils de moyens tortueux et scélérats pour appuyer un problême dont la preuve ne devrait sortir que de l'expérience et de la lumière du raisonnement et des discussions?

Trois ans d'épreuves dans le gouvernement démocratique et républicain, sont-ils insuffisans pour démontrer que, s'il a déterminé le roi de Prusse à se détacher des coalisés pour accepter la paix, que, s'il a excité l'admiration des autres républiques organisées depuis des siècles, même celle des despotes, et qu'il a triomphé de presque l'Europe entière, combien plus encore une organisation perfectionnée doit promettre d'avantages !

Pourquoi, d'un autre côté, dans le sein de la convention même, hésite-t-on de dire la vérité toute nue, pendant que des suppôts de l'aristocratie affichent audacieusement le mensonge et la calomnie, qui seraient étouffés en naissant, par la force de la vérité franchement émise et discutée ? La calomnie n'égare et ne rend soupçonneux qu'un peuple qui ne connait pas le fond de ses affaires ; la dissimulation accrédite les ressources de la malveillance; la connaissance de l'état des choses, au contraire, met le peuple en mesure de se prémunir de patience ou de vigueur pour vaincre tous les obstacles ; il n'aurait pas eu besoin de mesures de police pour se réduire à une demie livre de pain par jour, dès la rentrée de la récolte, s'il avait su qu'il existait un déficit dans son produit, tel qu'il se manifeste.

Cela est si vrai, que, si l'année dernière on n'avait pas ri lorsque je proposai de se défaire des chiens, des animaux inutiles et supperflus, et qu'on eût d'ailleurs voulu suivre mon opinion relative à l'économie des subsistances, *nous ne serions pas où nous nous trouvons en approvisionnemens.* Pourquoi, dans les momens difficiles, n'en pas faire l'objet d'une adresse au peuple, pour l'éclairer et même le consulter, plutôt que de l'exposer, par des restrictions mentales, à être entraîné aveuglément et de dégré en dégré, à un déchirement que l'arrivage attendu des grains qui sont en route peut seul prévenir : car il y a encore cinq mois d'ici à la récolte ?

Il ne faut pas se dissimuler que le reproche du dénûment que la malveillance s'efforce de faire planer sur la tête des représentans, ne soit le moyen le plus funeste pour égarer le peuple et le porter à leur retirer la confiance qu'il leur avait donnée, et de là à des excès désastreux.

Par la partie de mon rapport, au retour de ma mission d'Etampes, en ventose ( 1792, *vieux style* ) que j'ai fait imprimer et distribuer, j'ai transmis des réflexions sur différens objets qui tiennent aux mesures de salut public.

J'avais alors prévu la position où nous nous trouvons aujourd'hui, par l'apperçu que me donnait et la récolte alors prochaine, et la situation des magasins, tant publics que particuliers. En même-tems, j'ai indiqué des moyens économiques, parce qu'alors déjà une sorte de disette se faisait sentir, à l'approche de la récolte, d'une manière infiniment moins sensible que celle actuelle. Maintenant, cette pénurie toutesfois n'est rien, en comparaison des ressources de la république, sur-tout si chacun, de son côté, contribue de tout son pouvoir à déterrer les magasins enfouis, disséminés, et à déjouer le plan concerté de dénûment qui ne peut pas être un problême pour les hommes impartiaux.

J'ai dit qu'un long fil de conspiration existait encore ; que les conspirateurs étaient d'autant plus nombreux, que le silence et la terreur étaient pour eux à l'ordre du jour, et les tenaient cachés derrière le rideau, en attendant une meilleure occasion ; que les moins circonspects et les plus inconsidérés, qui étaient le plus petit nombre, étaient atteints ; mais que les plus adroits, les plus dissimulés, continuaient leur ourlet et travaillaient en-dessous, à l'aide des contre-révolutionnaires, à creuser une mine dont l'explosion inattendue pourrait renverser le fondement de l'édifice.

J'ai fait voir les inconvéniens du *maximum*, qui a enrichi les frippons et ruiné les bons et loyaux pères de famille, *de toute parts frappés de réquisitions*, dont le bénéfice tournait entièrement au profit des requérans et des ennemis de la république.

J'ai rappellé que le territoire français était ci-devant le grenier des Suisses et d'autres peuples voisins, qui, dans une récolte abondante, s'y approvisionnaient d'un seul coup pour plusieurs années ; que les intendans, et souvent les chefs des parlemens coalisés, (quand ils voulaient faire fortune) obtenaient des défenses rigoureuses d'exportation, ce qui faisait tomber les denrées à vil prix ; qu'alors, ils les faisaient acheter par leurs croupiers, et les faisaient passer à l'étranger ; que, malgré cela, il y avait encore abondance dans l'intérieur ; à moins que, pour des causes politiques, il ne fût jugé propice de faire paraître un dénûment momentané, comme il était d'usage sous le despotisme, pour le mieux consolider encore ; que de là il était facile de conclure qu'il existait, dès l'année dernière, un plan de contre-révolution combiné, tendant à asservir le peuple par le dénûment des choses de première nécessité, comme étant le moyen le plus victorieux pour faire triompher une tyrannie quelconque.

J'ai ajouté que la récolte précédente, quoiqu'abondante, n'avait pu soustraire le cultivateur à la mesure toujours funeste des réquisitions qui ont fourni aux malveillans le moyen infaillible de faire éclipser une grande partie des approvisionnemens qu'on présume être passés en Suisse et ailleurs ; notamment chez ceux qui, sous le titre de neutralité, soutirent notre numéraire et nos denrées.

J'ai exposé, en bon connaisseur, et en fils de cultivateur, qu'antécédemment on ne mangeait que du pain de bled vieux jusqu'après l'hiver ; que quantité de maisons n'en consommaient même pas d'autre pendant toute l'année ; que le contraire existait dès l'année dernière, dans laquelle, la récolte, quoique prématurée, est à peine arrivée assez-tôt pour prévenir une disette.

J'ai aussi observé qu'il fallait véritablement convenir, qu'autrefois il n'y avait pas d'armée aussi nombreuse à entretenir, et que maintenant les citoyens qui auparavant étaient réduits à vivre de sarrasin, de pommes de terres, ou de châtaignes, avaient l'avantage de manger du pain de farine de bled, que l'on ne servait alors que sur les tables des riches et des oppresseurs ; qu'on pouvait attribuer à ces causes, une plus grande consommation que celles précédentes, et qu'il ne s'agissait que d'encourager les nourris, l'agriculture, les défrichemens des bruières et les dessèchement des marais, pour maintenir l'équilibre dans les approvisionnemens, sur-tout, si l'on a soin d'en empêcher l'exportation, prohibition bien difficile sur les frontières d'Alsace et de Lorraine, sur-tout où je me suis convaincu, par l'expérience, que les peines les plus sévères n'ont jamais atteint parfaitement les contrebandiers, bien moins encore les employés des douanes, toujours de connivence avec eux.

J'ai prévu, par le même rapport, les inconvéniens de la loi du *maximum*, et tout ce que depuis on a fait trop tard pour y remédier.

Je craignais alors l'épuisement où nous nous trouvons aujourd'hui ; je voyais l'impossibilité, pour ainsi dire, de l'éviter sans une économie la plus sévère, à compter du moment où j'ai écrit, et il ne fallait pas pour cela être grand prophète. La cause était toute simple ; je savais que cinq mois avant la récolte précédente, la république était aux expédiens pour trouver des moyens de subsistance, tandis qu'autrefois, les grains de la récolte antérieure servaient à la nourriture, même six mois après la récolte suivante. De là je conclus que, sans une économie la plus sévère, il était infaillible que l'anticipation faite sur la récolte dernière ne se reproduisît à-peu-près à la même époque, avant la récolte de la présente année ; et que, si elle présentait dans le fait, des moyens inférieurs en ressources, il pourrait en résulter les plus grands inconvéniens pour la liberté et la tranquillité publique.

C'est ce que nous éprouvons maintenant, au point que nous avons la douleur d'entendre les malveillans déverser les causes de cette calamité sur la convention nationale, et d'être témoins que les factieux se servent de ce prétexte pour pervertir l'esprit public. Ceux des ex-prêtres qui n'ont pas embrassé la révolution, propagent, de leur côté, dans les assemblées où ils célèbrent leurs mystères, que c'est la main de Dieu qui s'appesantit sur les français, pour avoir spoliées les églises ; que les ames pieuses qui existent encore, doivent se serrer pour fléchir sa colère et détourner, par la ferveur de leurs prières, la famine et la peste, qui sont les fléaux dont il se sert ordinairement contre les enfans rébelles, etc., etc.

D'autres contre-révolutionnaires crient hautement que, sous les rois, jamais on ne manquait de pain, et que si, aujourd'hui, on en proclamait un, le lendemain il y aurait abondance de subsistances de toute espèce. Serait-ce le produit des réquisitions escamotté ?..., Quoiqu'il en soit, ces propos séditieux tendent au découragement et augmentent les soupçons d'une disette factice ou combinée.

D'après les réflexions que je fis, cinq mois avant la récolte de l'année précédente, j'avais indiqué quelques moyens d'économie qui auraient au moins contribué à nous faire rapprocher frugalement plus près de la moisson, que nous ne le sommes, avant de nous appercevoir du dénûment actuel ; ces mesures étaient toutes simples, mais le malheur veut qu'on ne croit aux événemens qu'après qu'ils sont arrivés.

Je ne demandais pas qu'il fût distrait de la farine

une moindre quantité de son qu'il était d'usage dans tous les tems, comme l'avait décrété la convention nationale ; parce qu'il est prouvé invinciblement, que les sons font gâter la farine par l'air qu'ils y introduisent ; qu'ils ne sont que rafraîchissans et non substantiels, puisque les apothicaires s'en servent dans les remèdes d'évacuation ; mais je demandais que le pain fût cuit de manière qu'il n'y eût, pour ainsi dire, que croute, parce qu'une grande quantité d'hommes ne mangent pas de mie, sur tout quand elle est fangeuse et gluante, ce qui produit une diminution considérable sur le pain. Il serait bien résulté de là une petite diminution sur le poids, par l'évaporation, mais on aurait pu indemniser le fabricant sur le produit, et jouir de l'avantage indicible d'avoir du pain manducable en entier.

J'exhortais à prendre la précaution de faire fabriquer du biscuit en avance, pour s'en servir au besoin. J'avais proposé, dans ce moment de pénurie seulement, d'interdire la faciante de bierre, parceque toute nourrissante qu'elle est, elle ne peut suppléer au pain. J'avais aussi conseillé d'interdire la fabrication des gateaux, biscuits, échaudés et autres qui contribuent à la diminution du pain et à détériorer sa qualité. Je proposai en même tems la diminution des animaux superflus, consommateurs du pain.

Toutes ces propositions n'ayant pas été goutées, je me suis tu. Mais voyant que ce que j'ai prévu, cinq mois avant la récolte dernière, commençait à se reproduire bin avant la récolte prochaine, je montai à la tribune le 8 Nivose dernier ; malgré la faiblesse de ma poitrine, je proposai de nouvelles mesures plus directes, pour enlever le chancre qui nous ronge, et déterrer les magasins que l'on soupçonne cachés.

Il est extrêmement urgent de déjouer la malveillance, surtout dans la commune de Paris, où l'intrigue et les suggestions perfides sont montées au plus haut dégré. Un petit laps de tems de disette de pain suffirait pour mettre le comble à l'effervescence d'un peuple dont on s'efforce d'aigrir l'impatience, tandis que les départemens depuis 4 mois souffrent courageusement de plus fortes privations.

Je vais donc reproduire ma motion du 8 Nivose, que la Convention Nationale a renvoyée aux comités de salut public et de commerce réunis, et j'y ajouterai des mesures ultérieures, qui quoique décousues en apparence, ne tiennent pas moins aux moyens de restauration des subsistances. Je démontrerai que c'est en partie aux tromperies des gardes magasins, à la malveillance ou à l'insouciance de la Commission qu'on doit attribuer la disette actuelle, soit qu'elle soit l'effet d'un plan criminel ou de la cupidité.

Je vais indiquer les moyens infaillibles de trouver la preuve invincible des soustractions faites sur le produit des réquisitions faites, les abus commis par les manutenteurs, en s'appropriant au taux du *maximum* les grains et subsistances. pour ensuite les exporter ou vendre au quadruple par l'entremise de leurs initiés dans ce mystère d'iniquité. C'est à la même source que les gardes magasins et adhérans ont puisé des trésors au détriment de la république et de et de l'abondance qui devrait regner partout après une bonne recolte.

Je n'ai point parlé alors et je ne dirai encore rien du mode de destruction de nos chevaux. Je me reserve à traiter ailleurs de cet autre fil du plan de dénûment pour ne pas enchévêtrer ma marche, et parceque je ne connais pas encore les moyens de remplacement comme je connais ceux de ravitailler nos magasins.

On a suprimé la Comission des subsistances, après lui avoir laissé faire le mal sans aucune reddition de compte. Quoiqu'il en soit, j'espère que la Convention prendra en considération le mode extrêmement simple et facile dans son exécution de découverte que je lui propose.

J'ai dit que la commission des subsistances avait frappé chaque département de réquisitions de telle ou telle quotité de grains. et d'autres objets de subsistances. de cochons même au milieu de l'été, chose inouie ; que les départemens avaient fait la répartition par districts. et les districts par cantons. ainsi de suite. J'ai avancé que les gardes-magasins n'ont pu réfuser aux districts l'état nominatif du montant des versemens faits dans les magasins par telle ou telle commune, et que dans cet état il leur était impossible d'intercaller l'objet réel de la fourniture faite par aucun citoyen, parceque les districts étaient intéressés d'avoir leur décharge, et que chaque individu qui a fourni, était spécialment intéressé de connaître le titre de sa libéraration. Il aurait même été intéressé d'avoir preuve en main du montant du *déchét qu'on lui a fait supporter à l'aide des poids et mesures, dont le malheureux est toujours victime et dont se sont toujours engraissés les gardes magasins.*

J'ai donc exposé que les états fournis aux districts par les gardes magasins, *à la fraude des poids, babances et mesures près,* étaient exacts ; parcequ'il n'était pas possible de faire autrement : mais j'ai aussi observé que les corps administratifs n'avaient aucune inspection ni connaissance des états de versement que fouraissaient les gardes magasins aux administrations des vivres non plus que des comptes qu'ils rendaient ; que cette comptabilité appartenait exclusivement à l'administration des vivres qui la transmettait à l'agence, et l'agence à la commission où la masse de tout s'entassait comme un tas de foin, sans autre résultat pour éclairer le peuple et sa représentation.

J'ai fait remarquer que les états de versement fournis aux administrations des vivres, n'étaient point calqués sur ceux produits aux districs, et qu'ils ne pouvaient manquer de contenir des omissions considérables. Cequi en est la preuve, c'est que là où il y avait des gardes magasins qui avaient reçu des grains ou approvisionnemens, au prix du *maximum,* il y avait, *dit-on,* des hommes alhdés à qui on en revendait au quadruple du prix du *maximum.* Ce n'était pas sans doute au profit de la République qui ne voudra jamais s'enrichir au détriment du peuple, par des mesures commandées par les circonstances, et qui sont désastrueuses, lorsque des agens en abusent.

Dira-t-on qu'on n'a vendu ainsi que le montant du gaspillage fait sur les pauvres cultivateurs, toujours

habitués à être vexés par le résultat et la manière de
péser et mesurer ? Ce serait toujours un vol qui
devrait faire tomber la hache sur la tête du coupable ;
mais on soutient que ce n'est point le produit seul
de ce tour de bâton que des gardes-magasins fesaient
jouer à leur profit, mais encore celui des recélés
sur les états de versement fournis aux administrations
des vivres, que des connaisseurs assurent être immenses.

J'ai démontré que, pour se convaincre d'un fait
aussi essentiel qui nous fera peut-être découvrir des
magasins enfouis et disséminés dans des sociétés
coalisées, rien n'était plus facile ; car il ne s'agit
que de faire représenter par la commission les états
de versement que les gardes-magasins ont fournis aux
administrations des vivres, et qui ont du lui être
transmis, de faire représenter en même tems par
les districts les états nominatifs des versemens qui
de leur côté leur ont été délivrés par les gardes-magasins. Ceux-ci deviendront les régulateurs, par la
comparaison qui en sera faite, avec ceux que pro-
duira la commission. Par ce moyen, nous connaîtrons
le montant des soustractions opérées dans toute la
République, et la cause peut-être la plus certaine du
dénûment factice visiblement effectué, et qui est
d'autant plus notoire que presque toutes nos armées
vivent sans doute, au moins en partie, des subsistances qu'elles trouvent dans les pays conquis, et dans
les magasins immenses qu'on nous a souvent répété
dans la tribune être tombés à leur pouvoir, et que
depuis la révolution et la guillotine, la population
est bien diminuée.

Ce n'est pas tout : la commission doit non-seulement être astreinte à la représentation des états
fournis par les gardes-magasins, mais elle doit en
outre produire un compte exact et fidèle des réquisitions faites dans les pays conquis ainsi que de
toutes les prises et produits quelconques qui ont
tourné au profit de la République, de l'emploi qui
en a été fait, et du résidu qui doit exister dans les
magasins. Une mesure à-peu-près pareille doit être
prise pour le produit des réquisitions frappées par les

représentans du peuple en mission dans les départemens.

Il est encore plusieurs autres causes du dénûment actuel.

C'est, 1º. La malveillance des ennemis de la révolution qui mettent tout en œuvre pour la faire avorter. 2.º L'égoïsme des cultivateurs qui ne veulent vendre qu'en numéraire, quoique la révolution semble n'être faite que pour eux. 3.º L'usure mercantile des négocians agioteurs et des agioteurs négocians : car le commerce franc n'existe plus maintenant ; on ne connait plus que des accapareurs de numéraire et des détracteurs d'assignats. 4.º L'introduction des marchandises de l'étranger, autres que celles de première nécessité, par qui notre numéraire est soutiré jusqu'au dernier sol. 5.º La défiance des manouvriers, artisans, vignerons et autres lesquels n'achetaient autrefois les grains dont ils avaient besoin, que de huitaine ou quinzaine à autre. Aujourd'hui ils se sont tous approvisionnés pour passer la récolte ; et néamoins ils vont chez les boulangers pour ménager leurs provisions. 6.º L'exportation qui a toujours eu lieu sur différens points des frontières, notamment vers la Suisse et Lille. 7.º Enfin le discrédit des assignats qui est tellement accrédité par la malveillance que je crains que, tant qu'il existera du numéraire au coin et au titre de l'ancien régime en circulation ; on n'ait peine à réintégrer la valeur de ce signe qui a sauvé la Patrie, si l'on n'y remédie et on le peut efficacement, par ces deux moyens.

Le premier est d'ordonner contre ceux qui vendent leurs denrées et marchandises plus cher en assignats qu'en numéraire, des peines très-sévères et des informations juridiques dans chaque département par audition de témoins, en reglant qu'il ne sera pas nécessaire d'avoir deux témoins pour prouver le même fait, mais que les dépositions de trois ou 4 témoins contre le même vendeur, suffiront pour prononcer les peines édictées par la loi. Le second est de de déclarer que l'hypothéque des assignats est garantie non pas seulement par la valeur des domaines nationaux deux fois supérieure à leur émission , mais encore par la Nation entière.

Voici encore des mesures de justice à prendre non moins urgentes et équitables. Les fermiers ou locateurs , après avoir vendu leurs denrées et productions en numéraire , achètent des assignats à vil prix , et s'en servent pour acquiter le montant de leurs baux ; il en résulte que les propriétaires qui ont cédé leurs biens-fonds et usines en 1791 , à prix d'argent sont ruinés et réduits à la dure nécessité de les vendre à leurs fermiers.

Les créanciers de la République , tels que rentiers viagers et autres , se trouvent dans le même cas. Ce qu'ils en reçoivent , n'a plus de proportion avec la valeur ancienne de pareille somme. La Convention a si bien senti cette disproportion qu'elle a décrété l'augmentation du traitement des fontionnaires publics et qu'elle a chargé son comité des finances de lui présenter un projet de décret à cet égard. c'est pourquoi je ne m'étendrai pas là-dessus.

Mais je ne saurais voir plus long-tems dans l'angoisse , tant de propriétaires ruinés par l'agiotage des fermiers et des marchands ; je proposerais , en conséquence , à la Convention , comme une suite naturelle des mesures qu'elle a déjà prises , en faveur des fonctionnaires publics , de décréter que le prix des baux à ferme , ou location d'usine , seront élevés progressivement au prix de la vente des denrées et produits , suivant le prix des hallages du mercuriale des marchés de la commune où réside le département . à compter depuis et compris l'an deuxième de la République Française seulement , et pour ainsi continuer jusqu'à fin de bail , si mieux n'aiment les fermiers , locateurs ou entrepreneurs y renoncer.

La Convention Nationale a décrété que les créanciers et titulaires d'offices , dont la finance excédait la somme de .... seraient portés sur le grand livre , je crois que cette mesure est impolitique , plus encore que celle qui a payé pareils créanciers , avec une déchéance : la plupart sont ouvriers ou titulaires d'offices et débiteurs envers les prêteurs , et on n'a soumis à aucun le moyen de se libérer quoique privé

de son état, ce qui occasionne la ruine d'une infinité
de citoyens, n'honore pas la République, et n'aug-
mente pas sans doute le nombre de ses amis.

On dira peut-être que le paiement de ces créanciers
portés sur le grand livre, augmenterait la masse des
assignats mis en émission, et concourrait à leur avilissement. Ce raisonnement n'est que spécieux, nullement
fondé, car, d'un côté, ces créanciers libérés, ne
manqueront pas d'acheter des biens nationaux, et
de l'autre, libéreront la République.

Ces mesures sont indispensables, si nous voulons
franchement atteindre les détracteurs des assignats,
les fermiers et négocians égoïstes, qui ne vendent
qu'en numéraire, toujours entre quatre yeux, parce
que, disent-ils, avec des assignats on ne peut faire
des couverts, ni autres meubles ; je réponds de l'effi-
cacité de cette mesure, si l'on veut l'adopter.

Il conviendrait aussi d'y ajouter celle d'un recen-
sement et de visites domiciliaires chez tous les
citoyens seulement des départemens à portés d'ali-
menter Paris, comme étant le grand ressort de la
révolution. Au reste, s'il était vrai que la majorité
ne voulût plus de l'ordre des choses actuelles, comme
le prétendent les tyrannistes, et comme les malveillans semblent vouloir le faire paraître par le discrédit
des assignats qu'ils ont provoqué, ainsi que le dénûment ; qu'elle se fasse connaître, qu'elle s'explique
loyalement, et que l'on finisse, une bonne fois,
sans diplomatie, si elle ne présente pas les moyens
suffisans pour remplir le but que tout bon citoyen
desire atteindre, c'est-à-dire, l'indivisibilité de la
République, la liberté, la fraternité, la sûreté des
propriétés, celle des personnes, la tranquillité des
familles dispersées et désolées, et un bon gouvernement.

Voici mon projet de décret :

## PROJET DE DÉCRET.

ART. Iᵉʳ. La commission de commerce et de subsistance supprimée, rendra compte, dans la quinzaine,
devant une commission de douze membres, choisis

dans le sein de la Convention Nationale , de toute
les branches d'administration qu'elle a eues. La com
mission est autorisée d'appurer et arrêter ce compte
à charge d'en faire un rapport à la Convention Na
tionale.

II. La commission de commerce représentera dan
trois jours , à la commission qui sera choisie par l
Convention Nationale, les états des réquisitions qu'ell
a frappées sur les départemens, et ceux des verse
mens qui ont été effectués dans les magasins de la Répu
blique , et justifira par son compte, de l'emploi.

III. Les administrateurs de district transmettront
dans le plus court délai , à la commission de la Con
vention Nationale , copies certifiées des états nomi
natifs qui leur ont été délivrées par les gardes-maga
sins, et qui constatent le produit des versemens fait
par les communes et cantons de districts.

IV. Dans le cas de négligence ou affectation, d
la part des gardes-magasins , d'avoir délivré lesdit
états aux districts, ils seront suppléés par une décla
ration signée des administrateurs.

V. La commission de la Convention Nationale con
frontera les états produits par les gardes-magasins à
l'administration des vivres, à ceux qui lui seront transmis par les administrations des districts , et en pré-
sentera, dans le plus court délai, la différence avec son
résultat à la Convention Nationale , qui statuera ce
qu'au cas il appartiendra.

VI. La commission de commerce supprimée four-
nira aussi, dans le plus court délai, l'état des denrées,
marchandises , approvisionnemens et subsistances de
tout genre , puisés dans les pays étrangers , réunis ou
conquis, soit par l'effet des réquisitions , soit par
celui d'appréhension ou autrement , et justifiera de
leur emploi et destination.

VII. A l'avenir, avant que les administrations des
vivres puissent transmettre aux agences ou aux com-
missions, les comptes et les états produits par les
gardes-magasins, elles seront tenues de les faire certi-

fier véritables par les administrations de districts qui ont coucouru au versement dans les magasins, et il sera délivré à chaque admistration de district, extrait des états et comptes des gardes-magasins, pour les versemens qui la concernent.

VIII. Il sera fait un récensement général, même par l'effet de visites domiciliaires, dans tous les départemens, à cinquante lieues du contour de Paris ; le résultat en sera constaté par des états, en bonne forme, de la part des comités révolutionnaires, sous leur responsabilité, et sous la surveillance des corps administratifs ; lesdits états seront incessamment transmis aux départemens, et par ceux-ci aux comités de salut public et de commerce, qui en rendront compte à la Convention Nationale.

IX. Ceux qui seront convaincus, à compter de la publication du présent décret, d'avoir vendu à un prix différent en argent qu'en assignats, seront punis de six années de fers, et punis d'une amende égale à celle qui résultera de la différence de l'assignat au numéraire métallique.

X. Tous les tribunaux criminels de la République sont chargés d'informer, sans délai, à la diligence des agens nationaux, et sous leur responsabilité, de l'agiotage qui se ferait du numéraire aux assignats, de la vente des denrées et marchandises qui pourrait avoir lieu, à un prix différent eu argent qu'en assignats.

XI. La preuve contre chaque contrevenant sera acquise par les dépositions de trois témoins irréprochables sur *différens faits de même nature*.

XII. Le numéraire au coin et titre de l'ancien régime, sera fondu, converti en numéraire républicain, et porté à un titre et à un poids qui n'en fasse pas convoiter la soustraction, l'enfouissement et l'exportation.

XIII. Dans trois mois, date de la publication du présent décret, le cours du numéraire au coin de l'ancien régime est interdit dans toute la République,

sous peine de confiscation et de six années de fers.
Il est libre, avant ce délai, aux propriétaires de ce
numéraire, de le porter à la monnaie, où il leur sera
échangé contre du numéraire républicain, compensation faite du titre, ou contre des assignats, à leur
gré.

XIV. La rentrée du numéraire de l'ancien régime
qui est en pays étranger, sera déclarée par le porteur
à la première douane des frontières, où il lui sera
délivré un permis d'entrer avec ledit numéraire, dont
le délai sera bien spécifié dans le passe-port.

XV. Le porteur sera tenu, à peine de confiscation, de porter ce numéraire à la monnaie, où
l'échange sera effectué comme il est dit en l'art. XIII.

XVI. L'exportation des grains est interdite, sous
peine de confiscation et de dix ans de fers ; les employés des douanes, convaincus d'avoir connivé et
favorisé ladite exportation, seront condamnés à la
déportation.

XVII. La surveillance sur l'exportation des grains
est spécialement recommandée à tout bon républicain français.

XVIII. Au dénonciateur appartiendra le prix des
grains qui auront été saisis d'après sa surveillance et
dénonciation dûment reconnues.

XIX. Un transport de grains qui sera rencontré
marchant sur les frontières, sans un acquis bien cautionné, sera censé être fait en fraude, et comme tel,
les denrées seront saisis, confisqués, et le propriétaire condamné à six ans de fers.

XX. Quiconque, quoique muni d'un acquit en
bonne forme et bien cautionné, ne rapportera pas
à son retour, de la part de la municipalité française
du déchargement qu'il aura indiqué à son départ, un
certificat bien circonstancié, sera censé avoir transmis
ses grains à l'étranger, sera condamné au paiement
de la valeur des grains transportés, et à six années
de fers.

XXI. Il ne pourra être transporté de l'intérieur, des grains du côté des frontières, même dans des communes de la République, à moins qu'il ne soit constant et démontré que ces communes n'ont pas récolté pour leur subsistance ; à l'effet de quoi les communes qui se trouveront dans ce cas, seront tenues, avant tout, de faire constater leurs besoins par les administrations de leurs districts, qui seront responsables de la vérité du fait.

XXII. Il n'est pas interdit aux fermiers de l'intérieur d'exécuter les clauses de leurs baux envers les propriétaires de leurs fermes, quoique demeurant sur les frontières, par la conduite des grains provenans de leurs fermages, à charge de faire enregistrer leurs baux, non-seulement aux districts, mais encore dans chaque bureau de douanes, sur la route qu'ils devront observer, et de se munir des *transits* et de *passe-avants* comme tous autres.

XXIII. Le fermier qui aurait abusé de sa qualité pour transférer une plus grande quantité de grains au propriétaire, que celle spécifiée par son bail, sera censé avoir fraudé, et comme tel, sera condamné à payer le prix de l'excédent, qui appartiendra au dénonciateur, s'il y en a un légitime ; sinon sera versé dans la caisse du district ; il sera en outre condamné à une amende du quadruple du prix des grains qui sera versée dans la même caisse. En cas de récidive, il sera condamné à six années de fers, outre la confiscation.

XXIV. Les animaux consommateurs de pain, qui ne sont pas d'une stricte nécessité, tels que les chiens des bergers, pâtres, bouchers et fermiers isolés, seront détruits dans la huitaine, sous la responsabilité des officiers de police.

XXV. L'introduction des marchandises étrangères, autres que les subsistances, et celles de première et indispensable nécessité, est interdite, à peine de confiscation et d'une amende égale à la valeur desdites marchandises ; à l'effet de quoi, le comité de commerce est chargé de présenter, dans huitaine, l'état des denrées et marchandises de première nécessité dont l'introduction doit être permise.

XXVI. Aussi-tôt que la monnaie républicaine sera frappée. les porteurs d'assignats seront admis à les échanger au trésor contre le numéraire métallique. d'après le mode qui sera décrété sur le rapport du comité des finances.

XXVII. Les biens nationaux sont le régulateur des émissions des assignats , ils leurs sont hypothéqués la nation entière en est garante, et chaque individu en répond. proportionnellement à ses facultés territoriales et mobiliaires.

XXVIII. Les baux à loyers, les fermages, locations et entreprises de terres et usines, à compter et compris l'an deuxième de la République, qui ont été rélaissés à prix d'argent, et non en nature, seront progressivement augmentés au profit des propriétaires. d'après le prix des denrées , suivant les hallages et mercuriaux de la commune de la résidence du département , compensation faite du prix des voitures , si mieux n'aiment les fermiers, locateurs ou entrepreneurs , résilier leurs baux en tems et saisons convenables. ou convenir , avec leurs laisseurs , jusqu'à fin de bail.

XXIX. Les créanciers portés sur le grand livre, tels que les ouvriers , fournisseurs , titulaires d'offices, seront remboursés de leurs créance. sans autres formalités que la représentation de l'extrait du grand livre qui les concerne , signé en bonne forme.

A Paris , ce 21 germinal , 3e. année Républicaine.

Signé COUTURIER.

Député à la Convention.

www.ingramcontent.com/pod-product-compliance
Lightning Source LLC
Chambersburg PA
CBHW061746060726
47597CB00007B/2783